Ruth Maria Kubitschek *Liebeserklärung an die Natur*

Ruth Maria Kubitschek

Liebeserklärung an die Natur

nymphenburger

Dem Buch liegt eine Audio-CD bei, gesprochen von Ruth Maria Kubitschek.
Aufnahme: Alexander Friedrich, Rail Systems P. A.-Service, Konstanz
Schnitt und Nachbearbeitung: Völker Zöbelin, Rail Recording Studio, Konstanz

Umschlag: www.atelier-sanna.com, München
Umschlagfoto: Agnes Forsthuber, Hamburg
Fotos innen: Ruth Maria Kubitschek
Gesetzt aus: 12/16 pt. Adobe Caslon
Druck und Binden: Finidr s.r.o.
Printed in the EU
ISBN 978-3-485-02821-9

www.nymphenburger-verlag.de

Inhalt

Gärten – Kraftplätze der Erde

Die Kraftplätze auf der Erde waren oft Gärten, sagenhafte Gärten wie die hängenden Gärten der Semiramis, von denen man nicht genau weiß, wo sie lagen, vielleicht im heutigen Irak. Der Legende nach ließ König Nebukadnezar II. sie für seine Frau, die sich nach den Wäldern und Bergen von Babylonien sehnte, auf seinem Palast terrassenweise erbauen. Besonders interessant muss die Bewässerung gewesen sein, die angeblich von unten nach oben ging. In meiner Fantasie jedoch sehe ich die Gärten nicht auf einen Palast gebaut, sondern wirklich hängend und schwebend in der Natur.

Bestimmt sehr reizvoll war auf der Insel Avalon der geheimnisvolle Apfelgarten von Morgana, der nur erreichbar war mit einem Kahn, der von allein anlandete. Wenn man reinen Herzens war, lichtete sich der Nebel und man durfte nach Avalon übersetzen.

Im Garten der Hesperiden schenkte Gaia, Göttin der Erde, Hera zur Hochzeit mit Zeus einen Wunderbaum mit goldenen Äpfeln. Dieser wurde von einem hundertköpfigen Drachen bewacht, weil die Äpfel Unsterblichkeit und ewige Jugend versprachen – da kann man sich doch vorstellen, wie überaus begehrt sie waren.

Dem Zauber von Gärten kann sich niemand entziehen. Wenn sie so berühmt sind, waren sie meist besondere Orte der Kraft. Einer davon ist die Insel Reichenau, auf der um 900 nach Christus hochgeistige Mönche lebten, wie Hermann der Lahme, der eine Weltgeschichte geschrieben und auch komponiert hat. Heute ist die Reichenau eine Gemüseinsel, doch für mich hat sich die geistige Schwingung erhalten, vor allem in der Kirche St. Georg, einer der ersten romanischen Kirchen Deutschlands.

Ebenfalls im neunten Jahrhundert schuf der Reichenauer Abt Walahfrid Strabo einen Kräutergarten, den man heute noch besichtigen kann. Von seiner Klostermauer haben meine Freundin Heidi und ich immer geschwärmt: So eine hätten wir auch gerne gebaut. Da könnten sich die Pflanzen hochranken und alles wäre

geschützt. Das ist uns leider noch nicht gelungen, dafür haben wir aus einem »Unland« einen blühenden Garten geschaffen. Abgesehen von den vielen berühmten Gärten, glaube ich, dass man sich mit Liebe selbst einen Kraftplatz schaffen kann.

Mit diesem Buch kann ich vielleicht nur ein kleines Statement abgeben, das meine Liebe und auch meine Sorge ausdrückt, wie wir mit der uns umgebenden Natur heute umgehen. Wir sind ein Teil der Natur, und wenn sie zugrunde gehen würde, träfe es uns schon viel früher.

Für mich sind nicht nur alle Bäume beseelt, sondern die ganze Natur: jeder Stein, alle Pflanzen, die Wälder, die Berge, die Flüsse, jede Quelle, alle Meere. Alles, was um uns herum lebt, ist absolut keine tote Materie, die wir einfach ohne Respekt benutzen dürfen. Die ganze Schöpfung ist für mich weiblich. Gott träumt das Weltall. Die Göttin ist die Schöpferin und setzt es in die Tat um. Alles in der Natur ist vollkommen.

Mutter Erde

Nach dem Zweiten Weltkrieg mussten meine Eltern mit uns fünf Kindern aus Nordböhmen fliehen und alles zurücklassen. Wir kamen nach Köthen im heutigen Sachsen-Anhalt, wo uns der Bürgermeister persönlich einen Raum im ehemaligen Fliegerhorst zuteilte. Mein Vater war Diplomkaufmann und hatte einen Kohlenschacht geleitet. Es war für ihn schwer, nun einen Beruf zu finden, mit dem es auch möglich wäre, dass seine Kinder studieren könnten. In der damaligen DDR durften nur Arbeiter- und Bauernkinder studieren. Die anderen mussten ihr Studium selbst bezahlen und das hätte mein Vater bei fünfen nicht gekonnt. Deshalb hat er, so sieht es für mich aus, das Opfer für seine Kinder gebracht und wurde Neubauer. Er bekam vom Staat vierzig Morgen Land und auf einem Gut in Trinum ein Zimmer zugewiesen. Meine Mutter weigerte sich strikt, auch nur im Geringsten Bäuerin zu werden und ihm dabei zu helfen. So blieb als Älteste nur ich übrig. Ich schloss mit meinem Vater einen Vertrag, dass ich ihm zwei Jahre helfe, in jeder Weise, und dann auf die Schauspielschule gehen darf. Dieser Vertrag wurde mit Handschlag besiegelt – und von beiden Seiten eingehalten.

Nun muss man sich vorstellen, dass ein junger Mann von zweiundvierzig Jahren, im Krieg schwer verwundet, mit einem steifen Bein und bestimmt vielen anderen seelischen Schmerzen, diese vierzig Morgen Land bearbeiten sollte.

Wir gingen frühmorgens aufs Feld. Mein Vater legte seinen Arm um meine Schultern und meinte: »Ruth, ich weiß, was das für dein junges Leben bedeutet, dass du mit mir hier so arbeiten musst. Doch wir sind frei und können frei entscheiden, was wir tun. Niemand kann uns irgendetwas befehlen. Schau dir diese Erde an, schau in den Himmel, in diese Weite. Wir brauchen nicht in die Kirche zu gehen, hier ist überall Gott und wir beide arbeiten einfach im Garten Gottes.«

Wir hatten ein ziemlich altes Pferd mit Namen Lore und einen Pflug. Da mein Vater nicht in der Furche gehen konnte, tat ich

das und er führte das Pferd. So fingen wir an, unsere eigene Erde zu pflügen. Da wir beide in dieser Arbeit Neulinge waren, freuten wir uns über jede Furche, die einigermaßen gerade geraten war.

Mit der Hand haben wir den Samen in die Erde gestreut, ein Feld mit Hafer, eines mit Mohn, eines mit Korn, eines mit Zuckerrüben und natürlich Kartoffeln, die waren überlebenswichtig.

Wir brauchten nicht achtsam zu sein, wir waren achtsam.

In dieser Zeit habe ich den Respekt vor der Erde gelernt.

Der heutige Oberbürgermeister von Köthen, Kurt-Jürgen Zander, bat mich, Botschafterin für »neunhundert Jahre Köthen« zu werden. Aus Dankbarkeit für die Hilfe von 1945, die meine Familie empfangen hatte, war ich sofort dazu bereit.

In all den Jahren war ich nie wieder in Köthen oder Trinum gewesen. Der herzliche Empfang dort haute mich um. Meine ehemaligen Freundinnen, manche nun mit Rollator oder im Rollstuhl, erzählten mir Geschichten, die ich glatt ableugnete. Ich hätte sie alle in weiße Kleider gepresst, die ich in Köthen im Stadttheater gegen Milch und Getreide getauscht hätte, und mit

ihnen im Park des alten Gutes als Elfen getanzt. Ich sagte: »Nie im Leben habe ich so etwas gemacht!« Dann holte jedoch jede von ihnen aus der Handtasche ein kleines, schon leicht vergilbtes Bild hervor, auf denen sie mit mir als Elfen verkleidet zu sehen waren.

Wir sahen alle sehr hübsch aus – wirklich wie Elfen. Ich hätte nicht gedacht, dass ich damals schon mit Elfen gehandelt habe! Es wird mir immer klarer, dass ich anscheinend als Kind mehr gesehen, es jedoch nie erzählt habe. Trotz der Arbeit habe ich meine eigene Welt geträumt. Ich erinnere mich daran, dass ich abends in der Zeit der Jasminblüte in den Gutspark schlich, mich unter einen Jasminbaum setzte und seinen Duft einatmete. Ich spürte, dass alles um mich herum lebte, dass in diesem alten Gutspark eine wunderbare Energie der Natur erhalten geblieben war, die der Zerstückelung der Landschaft der ehemaligen DDR nicht zum Opfer fiel.

Später lehrte mich die griechische Mythologie, was für ein wundervolles göttliches Wesen die Erde ist.

In der Vorstellung der griechischen Götterwelt verehrte man Gaia als eine Muttergottheit, die alles Lebendige hervorbringt und ernährt, und auch als eine Todesgöttin, die den Menschen nach seinem Ableben wieder in ihrem Schoß aufnimmt. Leben und Tod waren eine Einheit, ein natürlicher Ablauf, der im Grunde nichts Schreckliches hatte.

Man ist erst richtig lebendig, wenn man keine Angst hat vor dem Tod.

Hera, eine Tochter der Erdgöttin Gaia, hatte in Olympia einen

Tempel. Dort fanden die ersten Olympischen Spiele statt und die Athleten waren allesamt Frauen. Sie liefen in ihren Chiton-Gewändern zu Ehren von Hera um die Wette – die erste olympische Disziplin fand also für eine Muttergottheit statt, was mich besonders freut.

Später rannten die Männer für Zeus um die Wette und es wurde kriegerisch. Ihre Rennstrecke kann man heute noch bewundern. Bei den Griechen waren Leben und Tod nicht getrennt. Dadurch war jeder Mensch eingebunden in die stetige Veränderung, die in der Natur stattfindet, Werden und Vergehen – aber immer wieder Auferstehung.

Wenn wir heute die Erde noch als Muttergottheit verehren würden, würden wir anders mit ihr umgehen. Wir würden ihr nicht zumuten, so viele Pestizide zu schlucken, so viele Bomben in ihren Leib schlagen, sie mit Atommüll verseuchen und sie damit verbrennen. Deshalb habe ich meinen Garten gebaut. Wenn es auch nur ein kleines Stück Erde ist, das respektiert und mit Liebe bearbeitet wird, das Schönheit und Gesundheit verbreitet und in Fülle erblüht!

Kein Mensch ist machtlos. Jeder kann etwas tun, selbst wenn er keinen Garten hat, dafür jedoch eine Beziehung zu einem Baum vor seinem Haus aufbaut oder sich einen vertrauten Platz in einem Park erobert. Auch auf einem Balkon kann man ein kleines Paradies erschaffen – das machen schon viele Menschen und deshalb ist ein Balkon in den Städten so wichtig. Die Ohnmacht, die wir in diesem Weltgeschehen erleben, muss jeder Einzelne versuchen, für sich zu überwinden.

Vieles, was heute auf unserer Erde passiert, entspringt einer großen Angst, Angst vor anders denkenden Menschen, Angst vor Bedrohung … Eigentlich basieren alle Gesetze heute auf einer Kultur der Angst. Niemand hat Vertrauen, überall wird man kontrolliert, ob man einen Tempel betritt oder in ein Flugzeug steigt. Kontrolle, Kontrolle überall!

Damit macht man es nicht besser, sondern fordert im Grunde Widerstand heraus. Dadurch entstehen extreme Handlungen gegen das Leben, Zerstörung und Missachtung, Wut und Verzweiflung.

Die Menschen wollen frei sein, wie es mein Vater auf dem Feld

gesagt hat. Man kann die Freiheit eines Volkes nicht mit Füßen treten – wobei ich mit großer Bewunderung sagen muss, dass die Bewohner der ehemaligen DDR sich mit ihren Füßen »freige-treten« haben.

Ich habe einen Lieblingssatz: »Wenn du alles annimmst, was dir geschieht, dich vor nichts mehr fürchtest, kann dir nichts mehr geschehen.«

Apropos Wasser

Im April dieses Jahres sah ich den Film »Die Stimme der Donau«. Allein der Titel hat mich sehr berührt, deshalb bin ich am Fernseher neugierig hängen geblieben. Es wurde berichtet, dass der Fluss durch die vielen Staudämme und Begradigungen sein Wesen verändert habe, weil man ihn nicht fließen ließ, wie er will und einst floss.

Man hat ihn zusammengezwängt, sodass er nicht mehr atmen kann, hat Häuser nah an die Donau gebaut, ihm seinen Lebensraum genommen, sodass er sich aufbäumen musste und laut brüllend die Landschaft überflutete. Seine natürliche Stimme erhebt sich nur noch in der Nähe von Vilshofen, wo Auwälder seine Wasser auffangen, wo er frei fließen darf und seine Stimme, die man ihm woanders abgebunden hat, wieder flüstert im Fließen, im Ausbreiten – und auch bei Hochwasser im Zusammenleben mit den Bäumen, den Vögeln und den Fischen kein Unheil anrichtet.

Die Donau sagt uns damit: »Lasst mich frei, gebt mir Raum, sonst muss ich ihn mir nehmen und das kostet viel Geld.« Tut das nicht weh, wenigstens das viele Geld, das es kostet, die Verwüstung wieder zu beseitigen? Aufgewacht? Die Stimme der Donau gehört? Ich glaube nicht. Die Betroffenen ja, aber die Verantwortlichen …

Der Name der Donau geht zurück auf eine der ältesten keltischen Göttinnen: Dana. Sie wurde auch Donau genannt, war zaubermächtig und eine große Muttergottheit.

Wir sollten uns allen Flüssen wieder mit Respekt zuwenden und ihrem Fließen Raum geben, nicht nur der Donau – auch den kleinsten Bächen.

Ich erinnere mich an eine Geschichte aus dem antiken Griechenland, die mir in Olympia erzählt wurde. Sie steht symbolisch für die vereinende Kraft des Wassers. Alpheios war ein Jäger in Arkadien, der Arethusa begegnete, einer Nymphe, die im gleichen Revier jagte. Er verliebte sich heillos in sie, sie aber erwiderte

seine Liebe nicht. Um dem Begehren des Alpheios zu entkommen, ergriff Arethusa die Flucht über das Meer und gelangte auf die Insel Ortygia, wo die Göttin Athena sie auf ihr Flehen hin in eine Quelle verzauberte. In seiner übergroßen Liebe zu Arethusa wurde Alpheios ein Fluss. Als solcher bahnte er sich seinen Weg durch das Meer und hielt seine Wasser so lange zusammen, bis er an der Quelle der Arethusa angelangte. Seine Hingabe erfüllte Arethusa nun auch mit Liebe und ihre Wasser vereinten sich.

Man erzählt, dass eine Schale in den Fluss Alpheios geworfen wurde und an der Quelle in Ortygia wieder zum Vorschein kam. Damit versuchte man, die Glaubwürdigkeit dieses Mythos zu untermauern.

Es gibt viele positive Beispiele von Wissenschaftlern und Menschen, die sich mit großem Respekt dem Wasser und seiner Kraft gewidmet haben. Pioniere waren u.a. Hachenay und Grander. Wasser ist in jedem Fall heilend, so hat es uns auch Pfarrer Kneipp mit seinen Wasserkuren nahegebracht. Wenden wir uns dem Wasser in Liebe zu, wie es uns der japanische Professor Emoto gezeigt hat, könnten wir ihm seine Heilkraft zurückgeben.

In der Zeitschrift »Raum & Zeit« las ich über das basische energetische Reinigungswasser von Urs Surbeck. Vier Jahre lang hatte ich auf der Nase eine Art Hautpilz, der hässlich aussah und mich natürlich sehr störte. Ich versuchte alles, was ärztlich möglich war, bis ich auf dieses Wasser stieß und es unverdünnt mit einer Pipette auf meine Nase tropfte. Zunächst wurde die Nase noch röter, dann bildete sich eine Art Grind und der Pilz verschwand. Trinken darf man es natürlich nur verdünnt eins zu zehn. Das hat mir gezeigt, dass Wasser in seiner ursprünglichen Kraft heilend wirkt.

Luft – Atem des Lebens

Gott sprach: »Es werde Licht«, nachdem er Himmel und Erde geschaffen hatte. Mit dem Hauch des Lichtes gab er uns die Seele und den Atem, den Atem des Lebens.

Der Atem ist unser Leben. Wenn wir nicht mehr atmen, sind wir ganz schnell tot, schneller als ohne Wasser!

Wenn man sich nach innen wendet in der Meditation, geschieht das über den Atem. Man konzentriert sich auf das Ein- und Ausatmen, damit der verrückte Affe, der in unserem Kopf ununterbrochen plaudert, endlich seinen Mund hält. Nur durch bewusstes Ein- und Ausatmen kommen wir zur Ruhe.

Aber was atmen wir heute ein? Wenn ich vom Dorf in die Stadt komme, rieche ich förmlich das Benzin, das in der Luft hängt. Auch die Radioaktivität, die von Fukushima aus rund um die Erde zieht, wird überall eingeatmet. Keinesfalls macht es Sinn,

sich davor zu fürchten, denn atmen müssen wir. Wir Menschen sollten wissen, wie stark wir sind, was wir eigentlich alles ver-kraften, aber auch, was wir durch Gebete verändern können.

Es fragt sich nur, wie viele beten.

Beten ist auch eine Art Meditation, ist in Verbindung treten mit dem ganzen Kosmos. Damit ein bisschen mehr Menschen sich wieder mit dem Kosmos und dem Christusbewusstsein verbin-den, schlage ich dieses Weltheilungsgebet vor:

> »Wisse, o Universum, dass ich dich liebe, mit all der Gnade und all der Kraft der Liebe des Messias.
> Dass mein Bewusstsein auf ewig alle Lebensformen liebkost und diese Glückseligkeit mit den schönsten und schöpferischsten Ausdrucksformen teilt.
> Möge mein Herz vom Geist der Wahrheit besessen sein.
> Möge mein Dasein der Erleuchtung allen Bewusstseins im ganzen Universum gewidmet sein.
> Möge meine Begeisterung ein Licht der Liebe und Wahrheit sein, das alle fühlen können.

Oh, lass meine Berührung höchster Ausdruck des göttlichen
Willens sein.
Möge jede meiner Handlungen die Wirklichkeit zu größerer
und liebevollerer Vollkommenheit führen!
Möge mein Körper der allerheiligste Tempel der Wahrheit sein.
Der Punkt Omega ist hier.
Klarheit der Vision wurde im ganzen Universum erlöst.«

Ebenso wie das Wasser erheben sich Stürme und lassen sich unsere Respektlosigkeit nicht mehr gefallen. Orkane fegen, Zerstörung bringend, über ganze Städte und Landstriche hinweg. So
stark, dass sogar Amerikas Regierung aufwacht! Leider alles ein
bisschen spät.
Zerstörerische Winde gab es auch schon zu Homers Zeiten.
Aiolos, der griechische Gott der Winde, war mit Eos, der Göttin der Morgenröte, verheiratet. Aiolos bewohnte die im Westen
liegende, sagenhafte schwimmende Insel Aiolia, auf der Odysseus und seine Gefährten strandeten. Sie wurden gastfreundlich
aufgenommen und für die Heimkehr gab Aiolos ihnen einen

Sack mit ungünstigen Winden mit, der unbedingt verschlossen bleiben sollte. Für die Heimfahrt ließ er sogar günstige Winde wehen. Blöderweise öffneten die Gefährten von Odysseus kurz vor Erreichen ihrer Heimat Ithaka den Sack und die schlechten Winde trieben sie wieder zurück zur Insel Aiolia. Odysseus bat erneut um günstige Winde, wurde jedoch abgewiesen und irrte weiter durch die Meere.

Neugierde kommt vor dem Fall.

Die Gier, die in uns Menschen steckt, immer mehr haben zu wollen, immer höher zu bauen, immer mehr Fläche zuzubetonieren, ist neben der Angst die niedrigste Triebfeder unseres Handelns. Wir zerstören Wälder, fällen oft ohne Sinn und Verstand Bäume, sodass die Winde ungehindert über uns hinwegfegen können.

Nach einer verlorenen Wette bei Gottschalk habe ich mich verpflichtet, mit einer Gruppe aus Berlin im Allgäu viertausend Bäume zu pflanzen auf einem Hügel, der abzurutschen drohte und ein Wohnhaus gefährdete. Den Mann, der diese Gruppe damals leitete, nannte man den Allgäu-Indianer, weil er seine langen Haare im Nacken zusammengebunden hatte. Er warnte uns:

»Wenn wir nicht einfacher leben und auf Unnützes verzichten, wird uns das in vierzig Jahren sehr viel Geld kosten.« Das war vor zwanzig Jahren. Wie recht er hatte!

Das Singen der Vögel, der Duft der Blumen, sogar das Quaken der Frösche verändern die Atmosphäre – zum Guten der Luft. Dem Zerstörenden können wir Schönheit und Wohlgeruch entgegensetzen, indem wir wieder Blumen und Bäume pflanzen, Sträucher, die ihren Duft ausströmen. Es geht darum, dass wir den Geruch wieder wahrnehmen, den Duft der Erde nach einem Regen, den feuchten Geruch eines Waldes, eine frisch gemähte Wiese – und sehen, wie sich ein reifes goldgelbes Kornfeld im Wind wiegt.

Vielleicht werden wir dann bewusster mit der Natur umgehen und uns wieder eins fühlen mit allem, was um uns herum lebt. Goethe würde sagen: »Blüht und webt.«

Die Wärme des Feuers

Feuer ist für uns Menschen genauso wichtig wie Erde, Wasser und Luft, weil es Licht und Wärme erzeugt und in seiner ursprünglichen Natur eigentlich Licht ist, das in die Dunkelheit leuchtet.

Wir brauchen das Feuer zum Wärmen der Häuser, zum Kochen, zum Verbrennen von alten Materialien, die wir nicht mehr verwenden können. Ohne Feuer würden wir mit dem von uns verursachten Müll überhaupt nicht fertig werden. Wenn wir uns mit Begeisterung in eine neue Arbeit stürzen, brauchen wir das Feuer, das uns dann trägt, um sie zu Ende zu führen.

Feuer reinigt uns von allem Alten und schafft Raum für Neues.

Unser Lebensfeuer sagt etwas aus über unsere Kraft, auch über unser Altern, ob wir das Feuer, das uns mitgegeben ist, verschleudern oder ob wir damit sorgsam umgehen.

Durch Meditation kann man sogar sein Lebensfeuer erneuern, wenn man das Licht des Universums bewusst in seinen physischen Körper einatmet und nicht nur für sich benutzt, sondern über die Füße an die Erde abgibt.

Das Gegenteil des helfenden Lichtes und Feuers ist das Feuer der Wut in uns, das Feuer des Hasses, das Feuer des Neides. Durch diese Feuer können wir uns selbst und andere vernichten. Am Ende schaden wir uns selbst jedoch am meisten.

Das Feuer des Hasses ist die zerstörerischste Kraft, die es auf der Erde gibt. Man kann es anfachen, zündeln, bis ein ganzes Volk im Hass erstickt.

Jeder wird es ableugnen, dass er Hass, Neid oder Eifersucht empfindet. Doch wenn man ganz ehrlich ist, sind von all diesen Gefühlen Funken in uns allen. Diese kann man, glaube ich, nur durch Meditation und durch das wahrhaftige Anschauen seines Charakters verändern.

Diese Eigenschaften müssen wir erlösen.

Leben ist so kostbar, dass wir alles Negative in uns im Feuer verwandeln sollten.

Ich bemühe mich täglich, was mich wütend macht, genau anzuschauen, auszuatmen und mit etwas Fröhlichem und Gutem in meiner Vorstellungskraft zu ersetzen. Das gelingt mir mal besser, mal schlechter. Natürlich gibt es auch immer wieder negative Energien, die wir von außen mitbringen. Dann renne ich wie ein wild gewordener Handfeger durchs Haus mit einer riesigen Schale voll Weihrauch und schmeiße diese negativen Energien ziemlich energisch zum Fenster hinaus. Wenn wir uns selbst, unser Haus und unsere Umgebung immer wieder reinigen, reinigen wir auch ein bisschen die Welt.

In der griechischen Mythologie hat Prometheus mit einem Riesenfenchel den Menschen das Feuer vom Sonnenwagen zurückgeholt und dafür schwer gelitten – dreißigtausend Jahre an den Kaukasus gefesselt.

Hephaistos, der Feuergott der Griechen, hat mit dem Feuer der Schmiede die schönsten Gegenstände geschaffen. Er hat das Zepter und den Donnerkeil des Zeus gefertigt, den Wagen des Helios, den Bogen der Artemis, (leider auch) die Kette, um Prometheus an den Kaukasus zu fesseln, den Dreizack von Poseidon und den Schild des Aeneas im Auftrag von Aphrodite. Eine Weile war Aphrodite auch mit Hephaistos verheiratet; da sie jedoch eine der freiesten Göttinnen war, hat sie sich die Männer, die ihr gefallen haben, genommen – ob Mensch oder Gott.

Zur Göttin Aphrodite habe ich eine große innere Beziehung, ich weiß selbst nicht genau, wo das herkommt, aber es ist so. In der geistigen Welt der Griechen fühle ich mich am meisten zu Hause und ihre mythischen Geschichten sind mir am vertrautesten.

Das Schweigen der Steine

Goethe interessierte sich für alles in der Natur, ganz besonders hatten es ihm die Steine angetan. Unter den Steinen hat ihn der Granit begeistert durch seine Festigkeit und sein anscheinend starkes Schweigen. Da Goethe selbst gerne sprach, suchte er in sich das Schweigen des Granits. Das Schweigen und Strahlen der Steine. Er fuhr in Bergwerke, um zu sehen, wie sich die Erde aufbaute, welche Schichten sich nacheinander auftürmten. Besonders haben ihn die Glimmersteine in Karlsbad fasziniert. Er sammelte auch Bergkristalle, die heute in Glasvitrinen im Goethehaus stumm verstauben.

Rüdiger Safranski schrieb in seiner außergewöhnlichen Goethebiografie: »Der Mensch selbst ein Naturwesen, muss sich allerdings in Hochform bringen, um zu einem Organ der Naturerkenntnis werden zu können; auf diesem Weg ist Naturerkenntnis die Selbsterkenntnis der Natur. Sie schlägt im Menschen die Augen auf und bemerkt, dass sie ist, und erkennt, was sie ist.«

Apropos das Schweigen der Steine.

Vor vielen Jahren zum Frühlingsanfang in Bayern fuhr ich mit meinen Freunden Herbert und Gerhard auf den Spuren von Franz Marc zum Kochelsee und dann zur Mangfalltalsperre. Wir standen eine Weile und schauten auf die herabfallenden Wasser. Auf einmal sahen wir, dass die Felsen lebten, sie atmeten tief ein und aus. Die Felsen waren in Bewegung. Sie schwangen offensichtlich glücklich beim Ein- und Ausatmen.

Staunend standen wir und hatten das Gefühl, dass sich etwas in unseren Augen verändert hatte, die Zeit war stehen geblieben, wir erlebten einen Moment der Ewigkeit des Augenblicks.

Atmende Steine – wir haben es zu dritt gesehen.

Seit vielen Jahren sammle auch ich Steine in jeder Form, vom Granit im Garten angefangen bis zu Schmucksteinen. Ich bin eine stein-reiche Frau. In jeder Ecke meiner Wohnung könnte man über einen Stein stolpern.

Ich glaube ganz fest an die Heilkraft der Steine und ihre schwingende Sprache. Hier nur ein paar meiner Lieblinge – ich gebe zu, dass sich das bei mir von Zeit zu Zeit auch ändern kann.

Peridot Seit einiger Zeit trage ich einen schön gefassten Peridot in der Nähe des Herzens. Auch nachts, weil meine Bronchien leicht angegriffen sind. Sein tiefes Grün ist eine Kraft, die heilend in mich fließt und mich besser atmen lässt. Damit er sich von seiner nächtlichen Arbeit erholen kann, wasche ich ihn morgens mit lauwarmem Wasser und lege ihn in die Sonne. Niemand anderer darf ihn anfassen, weil er mit meiner Energie aufgeladen ist.

Aquamarin Wie schön anzufassen ist doch ein Aquamarin. Das Hellblau erinnert an die Farbe des Himmels. Ich habe zwei ziemlich große Rohsteine, der eine sieht aus wie ein kleiner Berg, der in sich Welten beherbergt. Kristalline, wie gefrorene Strukturen von Blumen, kleine Pyramiden – diese Formen schimmern in der Sonne blau, violett, gelb, in leichtem Rosa sogar, und überzogen wird das alles von dem Blaugrün der äußeren Form. Diesen Stein lege ich mir nachts oft auf die Kehle, auf das Halschakra, das die Farbe Blau als heilend und verjüngend benötigt und außerdem mit dem Ultramarin im Stirnchakra verbindet.

Der andere Aquamarin ist größer, nur vorn geschliffen und sieht aus wie Mutter mit Kind. Ich würde ihn Mutter Maria zueignen, ihrer Zartheit und Kraft, ihrem blauen heilenden Mantel des Schutzes. Meine beiden Aquamarin-Rohsteine machen mich sehr glücklich.

Rosenquarz Die Freunde in meinem Bett – sind Rosenquarze. Sie kugeln unter meinem Kopfkissen herum, ab und zu landen sie unter meinem Rücken und werden zurückgekugelt. Sie schaffen eine friedliche Atmosphäre, wo auch immer. Der Rosenquarz heilt die Verwundungen des Herzens und hat außerdem die Kraft, in der Nähe eines Computers die negative Strahlung umzuwandeln.

Bergkristall Er ist der König der leuchtenden Steine, ein absoluter Lichtbringer. Besonders große Bergkristallgruppen oder Bergkristalldrusen reinigen negative Schwingungen und sollten eigentlich in jeder Arztpraxis und allen Großraumbüros stehen, wo viele Menschen aufeinandertreffen und die verschiedensten Schwingungen herumirren. Soweit es dem Bergkristall möglich ist, wird er das klären. Der Bergkristall ist wie der Brillant der Stein des Sternzeichens Löwe. Ich habe überall Bergkristallgruppen in der Wohnung verteilt, mit vielen Pyramidenspitzen, die teilweise männlich oder weiblich sind. Die männlich gewachsene Kristallspitze ist für unseren weiblichen Organismus heilbringender. Manchmal nutze ich seine Kraft und streichle damit meine Falten. Im Garten habe ich die Bergkristalle so verteilt, dass sie auf den Wegen die gute, weise kristalline Energie weitertragen und erneuern.

Amethyst In seinem violetten Lichtmantel hat er reinigende, klärende Kraft. Bei meinem ersten Fernsehinterview vor vielen, vielen Jahren hielt ich eine kleine Amethystdruse in der Hand.

Indem ich sanft über die Kristallspitzen fuhr, verlor ich meine Angst, wurde klar und schaffte es, zusammenhängende Sätze zu sprechen. Gottschalk fragte mich charmant: »Was halten Sie denn da in der Hand?« Und ich erklärte ihm: »Einen kleinen Amethyst gegen meine Angst und für die Klarheit der Sprache, weil es gar nicht so einfach ist, als Schauspielerin frei zu sprechen, ohne Textbuch.« Seitdem hielten mich manche für verrückt – und andere kauften Steine. Die Mineralienwelt machte ein besseres Geschäft und ich bekomme immer eine Einladung zur Messe nach München.

Lapislazuli Vor diesem Stein habe ich einen großen Respekt. Es hat lange gedauert, bis ich mich ihm überhaupt näherte und mich getraute, eine Lapiskette zu tragen. Ich habe sie nicht verkraftet und mit anderem Schmuck wieder verkauft, was ich heute sehr bereue. Der Lapislazuli war der Stein der Ägypter, die ihn, in ihren Schmuck eingearbeitet, am Dritten Auge auf der Stirn trugen. Das Blauviolett des Steins mit den goldenen Spuren der Farbe des Nachthimmels und der Sterne ist so kraftvoll, dass man sehr aufpassen muss, wohin uns die mysthische Ausstrahlung dieses Steins führt. Jeder, der sich für Steine begeistern kann, sollte sehr darauf achten, ob der Stein ihn auch ruft, weil sich oft die Kraft ins Gegenteil verkehren kann.

Durch Steine lernt man, seiner Intuition zu vertrauen und überhaupt zu fühlen und zu spüren, was Energie bedeutet.

Felsen und Berge Früher habe ich mir immer gewünscht, an einem hohen Berg zu wohnen, in einer Maiensäß mit einem Brunnen vor dem Haus und einem weiten Blick ins Tal. Wenn ich sterbe, lege ich mich einfach vor das Haus und kehre »vom Weltgeist berufen, in den Äther zurück«, wie Goethe so schön sagte. Nun bin ich in Fruthwilen gelandet und schaue aufs Wasser. Auch nicht schlecht.

Meine Lieblingsreise führt über Chur und den mystischen San Bernardino, den ich als Freund empfinde, nach Ascona. Deshalb fahre ich auch immer oben drüber und nie unten durch. Ich studiere unterwegs die jeweiligen Formen der Hügel und Gipfel, suche Gesichter und freue mich, auf so meisterliche Ausdrucksformen voller Weisheit zu treffen: Gesichter, die manchmal aussehen wie Quasimodo und dann wieder wie weisheitsvolle große Heilige, die gütig lächeln über alles, was da zu ihren Füßen geschieht.

Wenn ich dann irgendwo auf dem San Bernardino anhalte, mich in eine Wiese setze neben einem kleinen Bächlein, fühle ich mich erhoben und glücklich durch diese herbe Schönheit.

Übrigens bedanke ich mich in jedem Tunnel bei dem Berg, dass er es erlaubt, dass wir durch seinen Leib fahren, und dass er den unglaublichen Lärm aushält, den so ein Tunnel verursacht.

Eine völlig andere Energie empfängt dich auf der Südseite des Passes: die Sonne Italiens, die vielen Wasserfälle, die aussehen, als ob Feenhaar in die Tiefe fließt, Kastanienwälder und Zypressen – südlich, fröhlich. Wenn man durch die Ebene fährt und ankommt in Ascona, ist man wieder reich belohnt von der Grazie des Sees und den steil abfallenden dunkelblau wirkenden Bergen darum herum.

Dann könnte man hinausschreien: »Mein Gott, ist die Welt schön! Deine Welt, unsere Welt!«

Die Kraft der Bäume

Zu unserem Garten gehört ein Stück Wald. Nach Feng-Shui stehen Gott sei Dank in der »Zone des Reichtums« Pappeln, die sehr hoch sind. Für Reichtum ist eine hochstehende Pflanze wichtig. Pappeln sind außerdem glückliche Bäume. Ich finde sie auch lustig, weil ihre Blätter im Wind hin und her wedeln und eine helle und eine dunkle Seite haben. Dadurch schimmern sie manchmal silbrig. Weiter unten im Wald steht eine Silberpappel, deren Blätter ganz und gar silbrig wirken und ununterbrochen in Bewegung sind – ob Wind ist oder nicht.

Den Schutz des Gartens übernehmen große alte Tannen, dazwischen stehen zwei Lärchen und davor eine wunderschöne Esche – der Weltenbaum. Man sagt, die Esche sei das Telefon zum lieben Gott.

Ich bewundere die Bäume, die in ihrer Ruhe und Stille sich oben

dem Himmel zuwenden und nach unten ihre Wurzeln vertrauensvoll in der Erde verankern. Wenn man sich an Bäume lehnt, spürt man eine Art Rauschen, die Energie, die von unten nach oben und wieder zurück fließt und Blätter und Nadeln mit Energie versorgt. Vielleicht sollte uns immer bewusst sein, dass die Bäume »Umwandler« sind und wir sie benötigen, um atmen zu können.

Wenn ich in einen Wald gehe, frage ich immer, ob ich eintreten darf. Da spürt man, wie die Bäume und alle dort lebenden Wesenheiten überrascht sind und dich wirklich freudig empfangen – anders, als wenn man einfach durch den Wald latscht.

Wenn ich mit Heidi durch den Wald gehe, muss ich jedes Veilchen, das am Wegesrand steht, jede Schlüsselblume, jede besondere Pflanze, die da im Wald wächst und gedeiht, vor Heidi retten, die das alles in unseren Garten schaffen möchte.

Ein Wald ist ein Kosmos für sich, der sich auf seine Weise erhält und erneuert, wenn wir ihn lassen.

Die dort lebenden Baumelben sind höherentwickelte Wesen.

Deshalb haben auch viele Leute im Wald Angst, weil da noch eine Energie ist, die man nicht einordnen kann. Dadurch, dass ich frage, ob ich eintreten kann, ist diese Energie freundlich gesinnt. Viele werden das als »esoterisches Gequatsche« empfinden, aber da liegen sie falsch.

Dazu gibt es eine schöne Geschichte von Buddha und seinen Mönchen, die er in den Wald schickte, um zu meditieren. Sie kamen verzweifelt wieder zurück, weil sie den Wald als unheimlich empfanden und dort nicht in ihre innere Ruhe kamen. »Verehrter Meister, wir können in diesem Wald nicht meditieren. Das ist zu gefährlich.«

Daraufhin unterwies sie der Buddha in der Meditation der Liebe, mit der sie sich den Wesen des Waldes bewusst zuwenden sollten.

Danach gingen die Mönche zurück in den Wald. Sie verbeugten sich: »Mögen alle Wesen glücklich sein.« Dadurch, dass sie die Wesen des Waldes mit einbezogen, ihnen Liebe, Freude und Frieden wünschten, gelang ihnen ihre Meditation. Die Wesen des Waldes schützten und unterstützten sie.

Nach keltischem Brauch gehört zu mir als Baum eine Zypresse, der Baum der Unsterblichkeit. Zypressen sind stark und solide, stehen gern über den Dingen und nehmen das Leben so, wie es kommt. Zypressen lieben Freiheit und Unabhängigkeit, streben Selbstverwirklichung an und es ist ihnen wichtig, ihren ureigenen Stil zu entwickeln. Konventionen kümmern sie wenig, eingefahrene Gleise interessieren sie nicht. Nicht schlecht. Bin ich nicht gut getroffen?

Mein Sohn Alex ist eine Feige. Ein Feigenbaum ist ein lebensfroher Geselle, ein richtiges Sonnenkind, feinfühlig und entgegenkommend. Dafür braucht er ein Ventil, etwa Musik oder Schriftstellerei – Alex ist Schlagzeuger. Die Feige liebt Bewunderung und in der Liebe ist sie ein wenig flatterhaft – da hält man sich als Mutter besser zurück.

Und nun zu Heidi, sie ist eine Zeder. Die Zeder ist selbstsicher und entschlossen und sie entscheidet schnell. Was andere denken, kümmert sie nicht. Sie handelt so, wie sie es für richtig hält, ohne sich um die Meinung der anderen zu kümmern. Lob und Tadel bedeuten ihr wenig. Sie ist naturliebend

und blickt vertrauensvoll in die Zukunft. Ich würde sagen, auch Heidis Charakter ist damit ziemlich genau beschrieben. Dies sind nur kleine Beispiele für das große Wissen der Kelten über die Verbindung von Menschen und Bäumen

»Willst du einen Tag glücklich sein …

… so betrinke dich mit Wein. Willst du ein Jahr glücklich sein, so baue dir ein Haus. Willst du ein Leben lang glücklich sein, so gestalte deinen Garten.« CHINESISCHES SPRICHWORT

Ich habe das wörtlich genommen und es war die verrückteste Idee meines Lebens, dieses »Unland«, wie es hier genannt wurde, zu kaufen. Nur mit meiner Freundin Heidi, die früher einmal Floristin war und zu dieser Zeit in Konstanz einen Jeansladen leitete, einen Garten zu bauen, in der Annahme, dass er damit für immer fertig sein würde! Wie naiv und blauäugig das war, merkten wir nach einiger Zeit, denn Heidi musste ihren Beruf aufgeben, um ganz und gar für den Garten da zu sein.

Als wir anfingen, wollte ich eigentlich nur Ordnung schaffen. Ich war voller Dankbarkeit, dass ich auf einmal, nach so vielen

Jahren in der Stadt, einfach wieder ein Stück Erde mein Eigen nennen durfte, obwohl mir natürlich bewusst ist, dass uns auf der Erde nichts gehört, sondern wir für eine Weile Heger und Pfleger sind, bis wir die Erde wieder verlassen. Dieses »mein Land«, »mein Haus«, »mein Mann«, »mein Eigentum« widerstrebt meiner Natur. Ich empfinde mich als Pflegerin dieses Stückchens Erde.

Es hat mir großen Spaß gemacht, bei jeder Rolle, die ich spielte, zu wissen: Ich habe jetzt genügend Geld, um im Garten eine Treppe, eine Befestigung oder eine Mauer zu bauen. Vor allem auch genügend Geld für Pflanzen, die duften. Ich habe ganz viel dunkelvioletten Flieder gekauft, was gar nicht so einfach war, um Dufttore zu bauen, die man durchschreiten muss.

Ich bin wirklich dankbar, dass es mir erlaubt ist, einen solchen Garten zu haben. Natürlich bin ich auf Hilfe angewiesen und ich kann mich darauf verlassen, dass Heidi, inzwischen meine rechte und linke Hand, in jeder Beziehung begabt ist. Wenn ich schon aus Verzweiflung mehrere Knöpfe an Apparaten gedrückt habe, kommt sie und hat die Gnade, gleich auf den richtigen zu drücken. Sie weiß eigentlich gar nicht, warum sie das kann, aber sie kann. Sie meint immer, es sei der liebe Gott.

Zu Beginn war ich mit ihr noch einigermaßen fleißig im Garten beschäftigt; in meinem Alter bin ich jetzt nur noch die Geldgeberin, die Blumeneinkäuferin und bilde mir ein, ich sei diejenige, die bestimmt, wo alles hinkommt.

Ein Garten lehrt dich mit der Zeit – natürlich nur, wenn du dafür bereit bist – die Weisheit im Umgang mit dem Leben. Wir haben gelernt, dass ein Garten nie fertig ist, sondern jedes Jahr und zu jeder Jahreszeit Veränderung fordert.

So wie der Garten heute dasteht, überwältigt mich seine Schönheit. Dieses viele verschiedene Grün und dazwischen das Violett oder das Weiße und Rote der blühenden Blumen. Ich bin überrascht, dass wir so etwas Schönes bauen konnten. Das Tolle daran ist, dass er dir Freude zurückgibt, Schönheit – auch Ruhe. Der Garten steht vollkommen gelassen da. Die Menschen, die ihn besuchen, empfinden ihn als paradiesisch.

Ein Garten, das sind nicht nur die Pflanzen, es sind unzählige individuelle Lebewesen, alle auf einer anderen Bewusstseinsstufe als wir Menschen. Ich denke, nein, ich fühle es sogar, dass es eine Welt, ein Bewusstseinsreich gibt, welches Gott näher ist als unser menschliches Bewusstsein.

Wenn wir dieses Reich, dieses andere Bewusstseinsreich, nicht respektieren, nicht anerkennen und uns als alleinige Krone der Schöpfung sehen, die dieses Reich ausbeutet und unterdrückt, dann erhebt sich das sanfte Naturreich und zeigt uns seine Macht, wie es allerorten geschieht. Das Wasser erhebt sich, die Stürme strafen unseren Hochmut, die Bäume opfern sich, indem sie auf Bahnschienen, Elektroleitungen und Autos fallen. Begreifen wir immer noch nicht? Ich würde sagen: Nein. Wir wurschteln weiter.

Wie laut muss die Natur noch schreien, damit wir ihre Stimme vernehmen? Vielleicht versteht der einzelne Mensch. Doch wir als Gesamtheit, als ein einheitliches menschliches Bewusstsein verstehen die Zeichen nicht.

Der Garten hat uns auch gelehrt, das Liebgewordene loszulassen, Vergängliches zu akzeptieren. Loszulassen, was krank ist. Loszulassen, was erfroren ist. Loszulassen, was Ungeziefer vernichtet hat – oder loszulassen, was Rehe im Frühjahr unseren Rosen angetan haben, nämlich dass eine Menge Rosenknospen im Magen der Rehe gelandet sind.

Du musst akzeptieren, dass die Dachse deinen Boden nach Engerlingen umwühlen und die Tulpenzwiebeln rausschmeißen. Dass jegliches Getier seine Spuren in deinem Garten hinterlässt. »Tue deine Arbeit und kümmere dich nicht um die Frucht.« Das ist für mich im Garten ebenso wichtig wie für einen Bauern, weil du nie weißt, was aus dem wird, was du gepflanzt hast. Ebenso weißt du, wenn du eine Rolle spielst, nie, was dabei herauskommt. Deshalb versuche ich immer nur das, was ich mache, so gut wie möglich zu tun. Natürlich wünsche ich mir Erfolg, aber ich erwarte ihn nicht.

Im Garten ist alles miteinander verbunden. Die Bienen mit den Apfelbäumen, der Lavendel mit den Rosen, die Sonne mit den

Früchten, der Wind mit den Samen. Nichts in diesem wundervollen Universum geschieht für sich allein.

Dieser dumme Spruch: »Wenn in China ein Fahrrad umfällt, was kümmert's mich?« Ich denke, selbst der Flügelschlag eines Schmetterlings hat seine Auswirkungen im Kosmos.

Bei allem, was ich tue, versuche ich, an die Folgen zu denken. Dadurch, dass wir mit allem verbunden sind, sind wir verantwortlich für das, was wir bewirken. Wenn wir Unsinn machen, fällt auch dieser auf uns zurück.

Im Garten musst du warten, bis ein Same eine Blume wird, das braucht seine Zeit und die kannst du nicht beschleunigen. Leider muss ich sagen, dass ich wenig Geduld entwickelt habe. Sobald mich etwas langweilt, habe ich nicht die Geduld, es zu Ende zu führen. Sehr zum Kummer von Heidi.

Wenn ich eines Tages an der Himmelspforte stehe, mein Leben mit meiner geistigen Führung vorüberziehen lasse und vielleicht alle Eigenschaften wie Güte, Mitgefühl, Großzügigkeit, Liebe, Verständnis entwickelt habe, aber keine Geduld, heißt es: »Vie-

len Dank! Diese Eigenschaft ist fällig in deiner nächsten Inkarnation, also wieder runter.«

Geduld, warum nicht gleich.

Heidi meint dazu: »Wenn du zehn Jahre vor der Himmelspforte wartest und er lässt dich nicht rein, dann hast du genug Geduld geübt. Dann darfst du rein und musst nicht mehr runter.«

Frühjahrsinspektion

Das Wetter war für März ungewöhnlich warm. Die Sonne schien, aber es wehte ein kühler Wind. Deshalb hatten meine Freundin Heidi und ich am Morgen einen Schrank ausgeräumt – unseren Giftschrank, in dem alles untergebracht wurde, was man eigentlich nicht sehen sollte. Wir brauchten Platz für Bürosachen, weil ich mir in meinem hohen Alter verrückterweise einen Glasschreibtisch zugelegt habe, der zwar grazil und leicht aussieht, aber wenig Ablagemöglichkeiten bietet. Also, wohin mit dem Zeug? Irgendwie haben wir das Problem gelöst und Heidi verschwand sofort in den Garten.

Nachdem auch ich meine Probleme gelöst hatte, ging ich hinunter. Heidi arbeitete in der hintersten Ecke. Auf der Erde kniend weckte sie mit bloßen Händen und mit einer kleinen Hacke die

Erde auf, lockerte sie, entfernte Unkraut. Dann glättete Heidi die Erde wieder sorgfältig mit den Händen.

»Mein Gott, Heidi, deine Hände! Zieh doch wenigstens Handschuhe an!«

»Wo denkst du hin, Ruth? Ich muss es fühlen. Ich streichle so die Erde. Glaubst du nicht, dass sie das liebt?«

»In jedem Fall glaube ich das, aber wie sehen bei der Größe des Gartens deine Hände aus?«

»Lass das mal meine Sorge sein«, erwiderte Heidi trocken.

»Na ja, wie du meinst.«

Ich bin es gewöhnt, dass Heidi immer das letzte Wort hat.

Eine Weile schaute ich ihr bewundernd zu. Dann ergriff ich einen Besen und kehrte die Terrasse am kleinen Pavillon, der arg mitgenommen aussieht.

»Entweder wir müssen ihn streichen lassen oder wir lassen ihn verkommen.«

»Wir lassen ihn streichen, wir lassen doch nichts verkommen«, entgegnete Heidi.

»Ja, wie du meinst.«

Ich säuberte noch ein paar Steine auf dem Weg, viel mehr konnte ich nicht tun.

Besonders heute merkte ich, wie steif ich während des Winters geworden war. Dann trollte ich mich über den Kiesweg am unteren Ende des Gartens, um zu schauen, wie da alles aussieht.

»Den Hang am Sonnentor hast du schön gemacht«, rief ich Heidi zu.

Sie rief zurück: »Wir brauchen da aber noch ein paar Pfingstrosen. Was da steht, ist zu wenig.«

Seufzend ging ich weiter. Wir brauchen keine Katzen- und Hundescheiße im Garten, sondern einen Geldscheißer. Na ja, so ist das, wenn man sich vor Jahren diesen Abgrund blauäugig zugelegt hat.

Links und rechts vom Kiesweg im Schatten der hohen Tannen blühen die Christrosen, genau so, wie ich es mir einmal erträumt habe. Viele Christrosen, ein Feld von Christrosen, die von Dezember bis März ihre weißen Blüten der Sonne entgegenstrecken. So habe ich es ungefähr, als ich noch in München lebte, in dem Märchen »Die Christrose Isis und der Baum Mohamed«

beschrieben. Diesen Traum habe ich wahrgemacht. Und wenn wir die Christrosen vom oberen Balkon und von der Treppe in den Garten pflanzen, haben wir im nächsten Winter noch üppigere Blüten am Waldrand.

Langsam ging ich weiter, schauend, was der Garten mir so zeigen würde. Die Hortensien, die auch im Schatten des Waldes stehen, trieben zart aus. Nicht so stark wie die in der Sonne.

Dann kam ich bei unserer ersten Treppe an, die vom »Reschenpass« gebaut wurde, so nannten wir ihn, weil er daher kam. Die Treppe hat ihn schon überlebt. Sie ist nicht besonders damenfreundlich. Heute besonders nicht, wo meine Knie streikten. Ich kroch sie also mühselig hinauf und dachte, was wohl die Naturwesen denken, wenn ich so ungraziös versuche, die Treppe zu besteigen. Die Griechen haben so freundliche Treppen gebaut, nicht hoch und mit genug Freiraum für den Fuß. Sollten wir das nicht genauso machen? Schauen wir da nicht mehr hin?

Apropos schauen: Der Garten lehrt dich, genau hinzuschauen oder überhaupt nur dazusitzen und zu schauen. Aber das wollte ich heute nicht, zu windig.

Nachdem ich endlich die Treppe bewältigt hatte, wandte ich mich unserem kleinen Fluss zu. Haha, ein Fluss, ein Rinnsal. Hübsch angelegt von Heidi, die immer noch auf das Wunder wartet, dass aus dem Rohr das Wasser nur so sprudelt. Leider wird nur das überflüssige Wasser der Gemeinde durch ein Rohr in unseren Garten geleitet. Weiter unten jedoch fließt aus einem anderen und größeren Rohr mehr Wasser hell schimmernd über die Felsen, dem Ende des Waldes, dem Abgrund entgegen. Immerhin haben wir etwas Wasser, was durch die Bäume glitzert.

Irgendwann wird rechts oberhalb des kleinen Hügels bestimmt noch ein Haus gebaut werden, daran sind wir jetzt gewöhnt. Am Anfang tat es sehr weh, wenn ein ganzer Kirschgarten sterben musste, damit Häuser gebaut werden konnten. Doch die Menschen, die mit uns leben und uns umgeben, haben uns durch ihre Freundlichkeit und Hilfsbereitschaft entschädigt.

Diese hintere Ecke des Gartens mit den alten Zwetschgenbäumen und kleinen Hügeln sieht noch sehr bedürftig aus.

Durch das Mondtor ging ich über den gepflasterten Sechsstern auf unsere wirklich damenfreundliche Treppe zu. Sie ist über-

lebenswichtig gedacht, da wir mit dem Schubkarren von oben nach unten oder umgekehrt, mit Pflanzen, Erde oder Holzpfosten beladen, fahren müssen.

Links und rechts ist der Hang umrahmt von fantasievoll geschnittenen Buchsbäumen. Diese sind leider teilweise von Buchsbaumzünslern befallen und werden uns bald verlassen. Sehr traurig, dass diese eigentlich so widerstandsfähigen Pflanzen von Raupen aufgefressen werden. Wir müssen uns was anderes ausdenken, das macht ja dann auch wieder Spaß. Vielleicht entsteht etwas wirkungsvolles Neues.

Gott sei Dank sind die kleinen Magnolienbäume gesund und treiben schon kräftig aus.

Oben angekommen empfangen mich zwei andere Magnoliensträucher, die eigentlich im Tessin zu Hause sind. Sie haben saftige grüne Blätter, ihre Blüten werden handtellergroß und verströmen einen südländischen Duft. Sie sind, dank Heidis Umhüllung, gut über den Winter gekommen.

Was man von der indischen Statue der Parvati nicht behaupten kann. Ihr Gewand blättert ab, die Füße sind kaputt, nur das

Blattgold, mit dem ich die Statue teilweise geschmückt habe, glänzt in der Frühjahrssonne.

Ich wandte meine Aufmerksamkeit auf einen Fliederstrauch, der ein Stück noch offene Mauer der Nachbarn bedecken sollte. Ich empfahl ihm, so schnell wie möglich zu wachsen. Die Lorbeerpflanzen bedecken die Mauer sonst schon sehr wirkungsvoll. Die alten Apfelbäume waren der Grund, warum ich dieses obere Grundstück gekauft habe. Nun sehen sie allerdings ziemlich mickrig aus. Obwohl Heidi ihnen einen wundervollen Haarschnitt verpasst hat, werden sie uns vielleicht auch bald verlassen. Aber was für ein Segen, dass ich ihnen vor fünfzehn Jahren das Leben gerettet habe, indem ich das obere Grundstück kaufte. Sonst säßen die Häuser direkt vor unserer Nase.

Alles hat einen Sinn im Leben, das stellt sich immer wieder heraus.

Ich betrachtete die beiden Zitronenbäume Sophia und Gina, die Heidi gestern aus dem Haus in den Garten gebracht hat. Sie verlieren bei dem Wind ihre Blätter, vor allem Sophia. Ein paar Zitronen blieben hängen. Ich liebe diese beiden. Gina, die Klei-

ne, ist ziemlich tapfer und hat noch Blätter und Zitronen. Sie ähnelt ihrer Namensgeberin Gina Lollobrigida, die ich in Salzburg in der Bar vom »Hirschen« vor vielen Jahren in meinem noch anderen Leben kennengelernt habe.

Durch den Fernsehfilm »Millionen nach Maß« war ich mit Curd Jürgens befreundet, den ich wirklich bewunderte. Mein Sohn und ich sahen uns am Nachmittag den »Jedermann« mit Curd an und abends standen wir mit Frau von Karajan im »Hirschen« an der Bar. Gina saß mit einem sehr jungen hübschen Mann hinter uns auf einer Bank.

Eliette amüsierte sich über das überaus komische Abendkleid von Gina, das einen ziemlich abenteuerlichen Ausschnitt hatte, in dem der junge Mann fast ertrank. Gina merkte, dass wir über sie sprachen, stand auf, kam zu uns an die Bar und meinte, dieses Kleid habe sie selbst genäht. Sie sehe nicht ein, dass sie für jeden Event einen neuen Fetzen bräuchte. Dieses Kleid tue es auch, wie man sieht.

Sie nahm meinen Sohn ins Visier, der braun gebrannt von einer Segeltour durch die Biscaya, einen Kopf größer als ich, stolz neben mir stand. »Sie haben aber einen sehr jungen Liebhaber«, meinte sie, den würde sie auch nehmen. Dann lachte sie herzlich. »Aber auf den zweiten Blick sehe ich, es ist Ihr Sohn.«

Alex wuchs förmlich, er strahlte über alle Backen. Gina Lollobrigida fand ihn eventuell als Liebhaber akzeptabel.

Sie bezauberte uns alle an diesem Abend mit ihrem Humor, sich selbst nicht ernst nehmend, und mit ihrer zierlichen, unglaublichen Schönheit. Es wurde ein sehr langer Abend und ich meinte um zwei Uhr, wir müssten jetzt unbedingt gehen, Alex und ich. Wir wollten morgen das Mahler-Konzert von Karl Böhm anhören. Da meinte Eliette: »Kommt vorher in mein Büro, da könnt ihr nicht zu spät kommen, denn der Böhm muss sich vor jedem Konzert erst zusammenfügen.«

Jedes Mal, wenn ich heute vom Stuhl aufstehe, muss ich an Böhm und Frau von Karajan denken und mich auch erst wieder zusammenfügen. So holt dich das Leben ein.

Mein Sohn lächelt glücklich, wenn wir über Salzburg und Gina Lollobrigida sprechen.

Langsam ging ich weiter, unglücklich darüber, dass der Dachs Löcher bei den Rosen und den eben gepflanzten Kameliensträuchern gegraben hat. Natürlich hat Heidi diese mit den Händen wieder zugeschüttet und die Erde geglättet.

Der große italienische Magnolienbaum, eigentlich eine Magnolie aus dem Tessin mit den weißen Blüten, steht nach dem Winter kraftvoll da.

Mein Weg führt mich weiter zum Kirschbaum, den mir der Hochstammverein geschenkt und gepflanzt hat. Nun ist es eine Erinnerung an den Landrat Tann aus Friedrichshafen. Der Baum »Herr Tann« wird dieses Jahr, wenn das Wetter uns gnädig bleibt, viele süße große Kirschen tragen.

Weil wir alle inzwischen zu alt geworden sind, haben wir den internationalen Hochstammverein aufgelöst.

Ein Wort zu Hochstämmen: Die Bodenseeregion, besonders auch Salenstein, war berühmt für ihre Hochstamm-Kirschbäume, die im Frühling, im Mai, in ihrer Blütezeit die ganze Landschaft in einen bräutlichen Blütenrausch verwandelten. Viele der Hochstämme, wie in meinem Nachbargarten, mussten ihr Leben

für Häuser dahingeben, andere starben an dem Feuerbrand, der die Bäume ruinierte.

Nun gibt es Kirschenniederstämme, diese sind ergiebiger und als Feld leichter zu ernten als die hohen Bäume.

Wir haben in diesem Hochstammverein versucht zu retten, was zu retten war. Nun müssen es die Jüngeren übernehmen.

Am Ende des Gartens steht der Ginkgo Herr Goethe als Schutzbaum. Nach einer Lesung in Weimar bekam ich vom Bürgermeister eine winzige Ginkgo-Pflanze in einem Blumentopf geschenkt. Im Flugzeug habe ich sie pfleglich nach Hause gebracht und wir pflanzten sie erst einmal in eine geschützte Ecke unter Romeo und Julia, unsere ersten Zypressenbäume, die anfangs am Balkon standen und in unserer Begeisterung über jeden neuen Baum auch Namen bekommen hatten. Da diese Zypressen immer versucht hatten, sich zu berühren, nannten wir sie Romeo und Julia. Für den Balkon wurden sie nach ein paar Jahren zu groß, sodass wir sie in den Garten setzen musste, aber so nah, dass sie sich jederzeit berühren können.

Auch Herr Goethe wuchs langsam zu einem Bäumchen heran.

Als er kräftig genug war, bekam er die Aufgabe, als Schutzbaum an der Straße zu wachen. Da ist es für ihn nicht so langweilig. Ab und zu kommen Autos oder sogar mal Menschen vorbei. Jedenfalls hat er ein gewisses Programm.

Ich streichelte seinen immer noch schmalen Stamm und wünschte ihm Glück für seine entzückenden Blätter. »Und vergiss nicht, du bist unser Schutzbaum.«

Über die Wiese, die wie alles bei uns etwas schräg nach unten führt, ging ich zurück zur Terrasse der unteren Wohnung. Die Terrasse ist das Winterquartier eines zugelaufenen wilden, scheuen Katers. »Bubi« hat Heidi ihn genannt, damit er weiß, dass er ein Junge ist. Zwei Jahre hat sie ihn gefüttert und ihm ein warmes Zuhause gegeben. Aber er ist uns immer ausgewichen, wenn wir ihm zu nahe kamen, und er fauchte dabei wild. Jetzt auf einmal darf Heidi ihn streicheln, allerdings nur, wenn sie das Lied »Guten Abend, gute Nacht« singt. Dann improvisiert sie weiter alle Schlager, die sie kennt, weil sie diese Streicheleinheiten genauso genießt wie der Kater. Die Premiere habe ich fotografiert. Wie hingebungsvoll dieser Bursche auf einmal sein

kann! Es gibt noch mehrere Nachbarkatzen in unserem Garten. Lilly zum Beispiel ist ein graues Mädel. Stur wie ein Panzer, will sie immer in die untere Wohnung gelangen, legt sich dann auf das weiße Gästebett oder gar im Meditationsraum auf weiße Kissen in einem Sessel.

Heute Morgen erwischte ich sie. Hatte sie es doch tatsächlich geschafft, in der Wohnung zu übernachten. Wütend rief ich Heidi, weil sie die Katzen so liebt, und schimpfte: »Bestimmt hat deine blöde Katze im Meditationsraum auf dem weißen Kissen im Korbsessel die Nacht verbracht.«

Die Kissen kamen samt Katze nach draußen. Ich zündete die Kerzen an, fing an zu meditieren.

»Was stinkt denn hier so furchtbar nach Katze?«

Da bemerkte ich, Lily hatte in meine Klangschale, die auf dem Teppich steht, gepinkelt. Sie hat genau getroffen, so ein Aas! Es war etwas schwierig für mich, hinterher zu meditieren.

Im Fluss des Lebens

Mein Alter bedeutet für mich eine neue Stufe der Freiheit und auch des Loslassens. Ich muss einfach akzeptieren, dass ich vieles, was ich früher konnte, heute nicht mehr kann. Sosehr ich meinen Beruf geliebt habe und noch liebe, scheint mir, dass ich mit »Frau Ella« einen guten Schlusspunkt gesetzt habe. Mein Leben bestand sehr viel aus reisen, Koffer packen, heimkommen, wieder Koffer packen und wieder verreisen. Zwar habe ich immer die Ruhe in mir selbst gesucht und auch gefunden, doch jetzt möchte ich mich einfach dem Leben überlassen und mit großem Vertrauen warten, was es von mir noch verlangt. Ich habe Veränderung immer als Jungbrunnen empfunden und etwas übertrieben in jedem Abschnitt meines Lebens gesucht. Mit großer Emphase habe ich – ziemlich oft – behauptet, dass ich im Alter nach Indien gehe und im Tempel irgendeines Heili-

gen mein Leben aushauchen würde. Jetzt bin ich mit der kleinen Veränderung, dass ich nun ein Atelier nach Norden habe und mich meiner Malerei zuwenden kann, sehr zufrieden.

Künstlerisch ausdrücken musste ich mich schon immer, es fragt sich nur, wie. Ich bin gespannt, was jetzt noch kommt.

Mein Vater hat einmal gesagt: »Weißt du, Ruth, du bist für diesen Beruf als Schauspielerin zu gerade gewachsen und du wirst zur Erde zurückkehren.« Innerlich bin ich zwar noch immer gerade, äußerlich jedoch ziemlich schief.

Worte haben eine unglaubliche Kraft und solche Prophezeiungen erfüllen sich dann eben – wenn auch nach langer Zeit. Dass ich aber überhaupt so gerade gewachsen bin, habe ich meinem Vater zu verdanken, für den ich in den zwei Jahren der gemeinsamen Arbeit der einzige Gesprächspartner war. Er lehrte mich, dass die persönliche Freiheit das Allerwichtigste im Leben sein sollte, dass man sich nicht an Dinge binden darf. »Du siehst ja, dass wir jetzt alles verloren haben und trotzdem genügsam weiterleben können. Klammere dich nicht an das, was du hast, sondern sei großzügig und teile.«

Seine Liebe und seine Wertschätzung haben mich ein Leben lang getragen und mein Selbstbewusstsein gestärkt. Er hat als Mensch an mich geglaubt und war für mich ein Vorbild.

»Lass dich nicht brechen, weder in deinem Beruf, den du so unbedingt machen willst, noch in der Liebe.«

Noch etwas gab er mir mit: »Versuche nie zu lügen. Lügen holen dich immer ein.«

Und das alles nebenbei draußen bei der Arbeit auf dem Feld!

Ich habe jetzt zwar kein Feld, doch einen ziemlich großen Garten. Sollte mein Vater von oben heruntergucken, würde er sich in jedem Fall im Steingarten wiederfinden, so etwas hat er geliebt.

Ich hoffe, dass ich diesen Garten, den ich mit Heidi gebaut habe, nun endlich auch einmal in Ruhe genießen darf. Obwohl ich mir nicht vorstellen kann, dass ich im Garten herumliege und nichts tue. Wahrscheinlich habe ich mir deshalb schon große Leinwände bestellt, die darauf warten, belebt zu werden.

Meine neuen ersten Versuche, einer einzigen Blume vor einem schönen farbigen Hintergrund die Ehre zu erweisen, sind meine Liebeserklärung an die Natur.